BEI GRIN MACHT SICH IHR WISSEN BEZAHLT

AF168137

- Wir veröffentlichen Ihre Hausarbeit,
  Bachelor- und Masterarbeit

- Ihr eigenes eBook und Buch -
  weltweit in allen wichtigen Shops

- Verdienen Sie an jedem Verkauf

Jetzt bei www.GRIN.com hochladen
und kostenlos publizieren

GRIN ☺

Bibliografische Information der Deutschen Nationalbibliothek:

Die Deutsche Bibliothek verzeichnet diese Publikation in der Deutschen National-
bibliografie; detaillierte bibliografische Daten sind im Internet über http://dnb.d-
nb.de/ abrufbar.

Impressum:

Copyright © 2016 GRIN Verlag
Druck und Bindung: Books on Demand GmbH, Norderstedt Germany
ISBN: 9783346165664

Dieses Buch bei GRIN:

https://www.grin.com/document/590594

David Knobelspies

Die Inspiration von Papst Franziskus durch Franz von Assisi und die Herausforderungen der modernen Kirche

GRIN Verlag

GRIN - Your knowledge has value

Der GRIN Verlag publiziert seit 1998 wissenschaftliche Arbeiten von Studenten, Hochschullehrern und anderen Akademikern als eBook und gedrucktes Buch. Die Verlagswebsite www.grin.com ist die ideale Plattform zur Veröffentlichung von Hausarbeiten, Abschlussarbeiten, wissenschaftlichen Aufsätzen, Dissertationen und Fachbüchern.

Besuchen Sie uns im Internet:

http://www.grin.com/

http://www.facebook.com/grincom

http://www.twitter.com/grin_com

Fach Kath. Theologie/ Religionspädagogik
Pädagogische Hochschule Weingarten
WS 2015/16

Papst Franziskus und der Heilige Franziskus von Assisi

-

„Inwiefern kann sich Papst Franziskus vom Heiligen Franziskus von Assisi im Hinblick auf die Herausforderungen der modernen Kirche inspirieren lassen?"

Inhaltsverzeichnis

1. Einleitung

Zum ersten Mal in der Geschichte der katholischen Kirche hat ein Papst den Namen Franziskus gewählt. Für die Päpste aus früheren Zeiten wäre eine solche Namenswahl womöglich ein unerträglicher Widerspruch zu ihrer Lebensweise gewesen. So lebten diese doch in Palästen, besaßen unzählige Ehrentitel, Ländereien, Schätze, Armeen und Geld. Sie vereinten quasi die weltliche und religiöse Herrschaft in einer Person.

Nicht aber für Jorge Mario Bergoglio, der sich entschieden hat den Namen Franziskus tragen zu wollen, nachdem sich die Worte seines guten Freundes und emeritierten Erzbischofs von Sao Paulo Kardinal Claudio Hummes: „Vergiss die Armen nicht!" in ihm festgesetzt hatten. Er habe unmittelbar an Franz von Assisi und an die vielen Kriege gedacht. Nach Papst Franziskus ist der Heilige Franz von Assisi ein Mann des Friedens, der Armut und ein Mann, der die Schöpfung liebte und bewahrte, gewesen. Auf diese Weise sei ihm dieser Name „ins Herz gedrungen".

Indem ein Papst vom anderen Ende der Welt, nämlich aus Argentinien, und nicht aus der alten europäischen Christenheit kommt und dazu noch den Namen Franziskus wählt und sich von jenem bis in die heutige Zeit weltweit verehrten Heiligen Franz von Assisi inspirieren lassen möchte, will er der Welt etwas sagen: „Von nun an soll das Papstamt in ganz neuer Weise ausgeübt werden". Papst Franziskus verzichtet ganz bewusst und vom Heiligen Franziskus inspiriert, auf Titel und Symbole der Macht und möchte eine Kirche, die vom Leben und Beispiel des Heiligen geprägt ist. In dieser Kirche sollen die zentralen Begriffe Armut, Einfachheit, Demut und Geschwisterlichkeit mit allen, auch mit den anderen Lebewesen und der Mutter Erde selbst sein.

Auf welche Art und Weise Papst Franziskus versucht, dieses Vorhaben umzusetzen, wird die vorliegende Arbeit näher ausführen. Eines jedenfalls steht fest. Dieses Vorhaben ist von größter Notwendigkeit und kommt dem Erbe Jesu und den Forderungen der Evangelien sehr nahe. Zudem ist dieses Vorhaben v.a. auch eine Reaktion und Antwort auf die Herausforderungen, welche der modernen Kirche in einer globalisierten Welt bevorstehen. Alleine die Namenswahl des Papstes gibt diesbezüglich bereits große Hoffnung für die gesamte Kirche und Welt. So steht der Name Franz von Assisi doch für die große Liebe zu Gott, welche sich mit einer großen Liebe zur Welt verbindet. Er steht für die radikale Liebe zum Evangelium, für ein Leben in den Fußspuren des armen, menschenfreundlichen Jesus Christus und für die radikale Solidarität mit allen Menschen. Des Weiteren steht er für die Verständigung zwischen den Religionen, für den mutigen Dialog mit Andersgläubigen und für den achtbaren Umgang mit der Schöpfung und ein geschwisterliches Zusammenleben aller Menschen. Dieser Name verbindet konfessions- und religionsübergreifend Generationen und Nationen, hat einen festen Platz in den Herzen der Menschen gefunden und genießt weltweit großen Respekt.

Nicht zuletzt besitzen die visionären Gedanken des Heiligen Franz von Assisi über Gott, Natur, Seele, Tod und Welterlösung im Hinblick auf moderne naturwissenschaftliche und ethische Denkweisen höchste Aktualität.[1] [2] [3]

2. Wer war Franz von Assisi?

Der Heilige Franz von Assisi wurde gegen Ende des Jahres 1181 oder Anfang 1182 als Sohn eines reichen Tuchhändlers in Assisi geboren und wuchs entsprechend mit vielen Annehmlichkeiten auf.

Nach einiger Zeit und zwei einschneidenden Erlebnissen, wie seiner Kriegsgefangenschaft und einer längeren letztlich lebenslänglichen Krankheit verspürte er jedoch eine große Leere in sich und immer mehr erwuchs in ihm eine tiefe Liebe zu den Armen und großes Mitleid mit den isoliert lebenden Leprakranken.

Durch mehrere traumhafte Visionen kam es nach und nach zu einem vollkommenen radikalen Bruch mit seinen bisherigen Lebensverhältnissen.

So kam es, dass Franz von Assisi eines Tages beim Betrachten des gekreuzigten Christus in der Kirche San Damiano bei seiner bedeutendsten Bekehrungsvision eine Stimme vernahm: „Franziskus, geh und baue mein Haus wieder auf, das, wie du siehst, ganz und gar in Verfall gerät." Tief berührt begann Franziskus die kleine, alte und verfallene Kirche Portiunkula wieder aufzubauen, bis ihm schließlich bewusst wurde, dass nicht eine Kirche aus Steinen, sondern die Kirche aus Menschen, Prälaten, Äbten, Priestern und des Papstes, welche sich im moralischen Verfall befand, gemeint sein musste.

Um dem Ruf des Wiederaufbaus der in Trümmern liegenden Kirche zu folgen, besann sich Franz von Assisi auf die Evangelien und den armen Jesus.[4] [5] Das Geheimnis der Person und Wirkung des Heiligen Franz von Assisi ist bis heute, dass er Jesus von Nazareth aufs Wort glaubte und das Evangelium lebte, statt nur davon zu reden. Er küsste Aussätzige, lehnte Geld und jeglichen Besitz ab, stellte Hierarchien auf den Kopf und bot selbst höchsten Autoritäten bis hin zum Papst die Stirn.[6] Aus einer weiteren Quelle geht weiter hervor, dass sich Franz von Assisi von der Praxis Jesu leiten ließ und nicht von Gesetzen und Kirchentradition. Gemeinsam mit seinen Brüdern lebte er das Leben der Apostel und verband sich mit den Armen, Kranken und Randständigen. Brüderlich baute er Brücken zu einfachen Leuten, aber auch zu Mächtigen. Arm an Dingen, jedoch reich an Leben begegnete er dem Reichtum der Kirche dabei mit der Armut des Evangeliums.

---

[1] Vgl. Feld, 2001, S. 102
[2] Vgl. Boff, 2014, S. 7 ff.
[3] Vgl. Kuster & Kreidler-Kos, 2014, S. 7 ff.
[4] Vgl. Feld, 2001, S. 18
[5] Vgl. Boff, 2014, S. 11 f.
[6] Vgl. Reblin, 2006, S. 9

Dabei hielt der Heilige niemals gelehrte Predigten, sondern deutete das Evangelium lebenspraktisch im Alltag der Menschen und berührte durch Gesten und Zeichen.[7] Das Ideal der sogenannten heiligen Einfalt gab dabei dem Tun den Vorzug vor dem Lernen und Lehren.[8]

Aus tiefster Überzeugung von Gott zu den Leprakranken geführt worden zu sein, wurde er von gewaltigem Mitleid ergriffen und begann schließlich in den Dörfern in einfacher Sprache, welche von allen verstanden wurde, die Worte Jesu zu verkünden.[9]

Seine Forderung nach absoluter Besitzlosigkeit leitete er dabei radikal direkt von den Worten Jesu ab: „Ihr sollt weder Gold noch Silber besitzen, noch Geld in euren Gürteln mitnehmen, auch keinen Doppelsack auf eurem Weg, keine zwei Leibröcke, keine Schuhe, keinen Stock." (Mt 10,9 f.; vgl. Mk 6,8 f.; Lk 9,3)[10] Der Begriff Armut bedeutete für den Heiligen dabei nicht allein nichts zu haben, sondern es war vielmehr die Fähigkeit zu geben und sich mit dem armen Christus und den Armen zu identifizieren.[11]

Passend dazu umschreibt Leonardo Boff mit seiner Botschaft des Heiligen Franz von Assisi an die Jugendlichen von heute die Grundhaltung des Heiligen: „ Öffnet euch der Erfahrung, dass weniger mehr sein kann und dass das Glück nicht in Reichtum und einer darauf ausgerichteten Berufskarriere liegt, sondern im Miteinander-Teilen und darin, alle Menschen menschlich zu behandeln."[12]

Auf seinen Reisen war der Heilige Franziskus zutiefst fasziniert von der Schönheit der Schöpfung und begann zu begreifen, dass alle zusammen einen gemeinsamen Ursprung im Herzen des gütigen Vaters haben.[13] Sowohl die „bösen" als auch die guten Menschen, die Tiere, Pflanzen und Naturelemente waren für den Heiligen Kinder eines guten Schöpfers, untereinander Geschwister und zur endgültigen Erlösung bestimmt.[14] Leonardo Boff bringt zum Ausdruck, dass jedes Lebewesen der Natur, jede Pflanze, jedes Tier und jede Landschaft in franziskanischem Sinne liebenswürdig ist. All diese Dinge haben demnach einen Wert in sich selbst, unabhängig vom Gebrauch und Nutzen. In Anbetracht einer solchen universalen Geschwisterlichkeit unter all diesen Dingen, die Gott geschaffen hat, bringt dies in franziskanischem Sinne den Wunsch nach einem Zusammenleben in Respekt, in Gegenseitigkeit und gegenseitiger Hilfe mit sich, damit alle auf diesem Planeten weiter leben

---

[7] Vgl. Kuster & Kreidler-Kos, 2014, S. 105 f.
[8] Vgl. Feld, 2001, S. 42
[9] Vgl. Boff, 2014, S. 12 f.
[10] Vgl. Feld, 2001, S. 39
[11] Vgl. Boff, 2014, S. 71
[12] Boff, 2014, S. 18
[13] Vgl. Boff, 2014, S. 13
[14] Vgl. Feld, 2001, S. 47

können – auch die Verwundbarsten unter ihnen, denen umso größere Fürsorge und Liebe zuteil werden muss.[15]

Basierend auf seiner Auffassung von Schöpfung und Erlösung entwickelte Franziskus schließlich sein Friedensverständnis und seine Friedenspraxis. So grüßte er im Rahmen seiner Botschaft des Friedens alle Geschöpfe, angefangen vom Menschen, über Tiere und Pflanzen, bis hin zu leblosen Naturerscheinungen mit den Worten: „Der Herr gebe dir Frieden!" Er stiftete Frieden sowohl zwischen einzelnen Menschen, als auch zwischen größeren sozialen Einheiten. Mit seinem hohen Maß an Liebenswürdigkeit hat der Heilige beispielsweise die Zuneigung des muslimischen Sultans Melek el-Kamil gewonnen, als er versuchte im Jahr 1219 in die Kreuzzüge zu intervenieren.[16]

Schließlich beschreibt Thomas von Celano die Persönlichkeit des Heiligen Franz von Assisi als geprägt von Heiterkeit, Sanftmut und Nüchternheit. Demnach war er ein Mensch mit angenehmen, höflichen Umgangsformen, stets gesprächsbereit und offen. Sein religiöses, spirituelles und moralisches Leben wird mit den Begriffen Unschuld, Einfalt, Herzensreinheit, Gottesliebe, Bruderliebe und Gehorsam umschrieben. In allen Dingen war er voller Begeisterung, verfolgte beharrlich seine Ziele, war barmherzig und schnell bereit zu verzeihen. Sich selbst gegenüber jedoch war er äußerst streng. Nicht zuletzt, hatte die Kontemplation und das beständige Beten im Leben des Franziskus eine zentrale Bedeutung.[17]

Nach dem Heiligen Bonaventura, war der Heilige Franziskus ein morgendlicher Mensch, der sich die Unschuld des Paradieses bewahrte, ein Mann aus einer anderen Welt. Franziskus entsprach einem anderen Paradigma von Kultur und Kirche. Es war geprägt von Achtsamkeit, Einfachheit, Armut, vom Geist der Geschwisterlichkeit mit allen Lebensformen der Natur, von der Genügsamkeit des Teilens und vom grenzenlosen Mitleid mit den Armen und Leidenden.[18] „Wir haben es mit einem Genie des Christentums von verführerischer Menschlichkeit, faszinierender Zärtlichkeit und Achtsamkeit zu tun, an dem wir das Beste unseres Menschseins entdecken können."[19]

Franz von Assisi stirbt schließlich nach langer Krankheit und nach seinen Vorstellungen völlig von den weltlichen Besitztümern entkleidet, nackt auf der Erde liegend am 3. Oktober des Jahres 1226 bei der Portiuncula-Kirche.[20]

---

[15] Vgl. Boff, 2014, S. 17 f.
[16] Vgl. Feld, 2001, S. 46 ff.
[17] Vgl. Feld, 2001, S. 81
[18] Vgl. Boff, 2014, S. 118
[19] Boff, 2014, S. 29
[20] Vgl. Feld, 2001, S. 24 und S. 103

3. Der Lebenslauf des Papst Franziskus

Papst Franziskus wurde am 17. Dezember 1936 als Jorge Mario Bergoglio und Sohn des italienischen Einwanderers José Mario Francisco Bergoglio und dessen ebenfalls italienischstämmiger Frau Regina Maria Sivori in Buenos Aires geboren.

Nach Abschluss seines Studiums der Chemietechnik trat er im Jahre 1956 in das „Kleine Seminar der Erzdiözese Buenos Aires ein, bevor er am 11. März 1958 nach zweijährigem Noviziat in den Jesuitenorden eintrat und erste Ordensgelübde ablegte. Im Jahre 1960 begann er sowohl mit dem Studium der Geisteswissenschaften, als auch mit dem Philosophiestudium, um anschließend im weiteren Ausbildungsverlauf praktische Tätigkeiten innerhalb des Ordens zu übernehmen. In den darauffolgenden Jahren 1964 bis 1966 schloss er die Professur für Literatur und Psychologie sowohl in Santa Fe, als auch in Buenos Aires ab.

Zwischen 1967 und 1970 absolvierte Bergoglio schließlich sein Theologiestudium und wurde am 13. Dezember 1969 zum Priester gewiehen. Auf seiner letzten Etappe der jesuitischen Ausbildung verbrachte er von 1970 bis 1971 ein Jahr lang in Spanien für das Tertiat, um letztlich von 1972 bis 1973 Novizenmeister in San Miguel und Berater des Provinzoberen Jesuiten zu sein. Am 22. April 1973 legte er schließlich sein ewiges Gelübde ab und war von 1973 bis 1979 Provinzial der argentinischen Provinz des Jesuitenordens.

Von 1980 bis 1986 sammelte Bergoglio Erfahrung als Rektor des Colegio Máximo San José von San Miguel und befand sich noch im Jahr 1986 auf mehrmonatigem Forschungsaufenthalt an der Philosophisch-Theologieschen Hochschule Sankt Georgen in Frankfurt am Main. In den Jahren zwischen 1986 und 1990 war Bergoglio geistlicher Begleiter und Beichtvater für die Gemeinschaft des Kollegs El Salvador in Buenos Aires und wurde schließlich am 20. Mai 1992 zum Weihbischof in Buenos Aires und Titularbischof von Auca durch Papst Johannes Paul II. ernannt. 1993 folgte dann die Ernennung zum Generalvikar. Am 3. Juni 1997 wurde Bergoglio zum Koadjutor-Erzbischof mit dem Recht der Nachfolge ernannt, um am 28. Februar 1998 nach dem Tod von Kardinal Quarracino, Erzbischof von Buenos Aires zu werden. Gleichzeitig war er Bischof für die Gläubigen der orientalischen Riten, die in Argentinien leben. Papst Johannes Paul II. ernennt Bergoglio dann im Jahre 2001 zum Kardinalpriester, wonach er u.a. der Kongregation für den Klerus, für den Gottesdienst und die Sakramentenordnung, dem Päpstlichen Rat für die Familie, der Kongregation für die Institute geweihten Lebens sowie (seit 2013) der Päpstlichen Kommission für Lateinamerika angehörte. Am 08. November 2005 wurde Bergoglio schließlich zum Vorsitzenden der argentinischen Bischofskonferenz gewählt und im Jahre 2007 bei der fünften Generalversammlung des Rates aller Bischöfe Lateinamerikas und der Karibik zudem auch als Vorsitzender der Redaktionskommission für das Schlussdokument.

Am 13. März des Jahres 2013 wurde Kardinal Jorge Mario Bergoglio schließlich im fünften Wahlgang des Konklaves nach dem Amtsverzicht Papst Benedikts XVI. zum 265. Nachfolger des Heiligen Petrus gewählt. [21]

4. Eine Kirche in Trümmern – Papst Franziskus und die Wiederherstellung der Glaubwürdigkeit der Kirche

So wie es sich der Heilige Franz von Assisi seinerzeit zur Aufgabe gemacht hatte, die Kirche Christi wiederherzustellen und den Sinn jener Kirche, wie er aus den Evangelien hervorgeht wieder freizulegen, ist dies auch die Aufgabe von Papst Franziskus. Auch Papst Franziskus ist sich der in Trümmern liegenden Kirche, durch etliche Sitten- und Finanzskandale erschüttert, bewusst. Die Kirche hat an moralischer Überzeugungskraft und Glaubwürdigkeit verloren, die es nun wiederherzustellen gilt.

Mit seiner Namenswahl bekennt sich Papst Franziskus ausdrücklich zu einer „armen Kirche für die Armen, sowie einer einfachen, am Evangelium orientierten und von jeglichem Machtapparat befreiten Kirche, die dem Erbe Jesu treu bleiben will. Dabei meint die Kirche des Heiligen Franz von Assisi auch eine ökologische Kirche, welche alle Lebewesen mit Brüdern und Schwestern anredet und sich in Solidarität mit den Geringsten wieder findet. Für den Papst kommt es dabei einerseits darauf an, Orientierung zu geben, andererseits muss er sich auch mitten ins Volk begeben, dessen Weg teilen, auf es hören, seine Weisheit aufnehmen und sich selbst als Teil des Volkes Gottes empfinden.

Wie anfänglich bereits erwähnt, bot der Heilige Franz von Assisi einerseits höchsten kirchlichen Autoritäten gegenüber zwar die Stirn, andererseits wiederum schloss dies jedoch nicht aus, dass er auch stets darauf bedacht war, der Kirche der Päpste gegenüber gehorsam zu sein und dabei den herrschenden Stil der Kirche nicht mit Worten zu kritisieren. Allein durch sein Tun, Handeln und Vorleben versuchte er einen neuen Stil einzuführen.

Es liegt nahe, dass sich Papst Franziskus hierauf zurück bezieht, indem er ebenfalls jegliche Symbole der Macht ablehnt und vom ersten Moment seiner Amtszeit an einen neuen Stil verkörpert. Auch Papst Franziskus überzeugt vor allem mit seinem Auftreten und seinem Handeln. Bei seinem ersten öffentlichen Auftreten lehnte er die prunkvoll mit Gold verzierte und für Päpste übliche Mozetta ab: „Der Karneval ist vorbei, behaltet dieses Gewand" und erschien in schlichter weißer Kleidung mit einfachem Blechkreuz. Außerdem zieht er beispielsweise das Gästehaus des Vatikan dem prunkvollen Palast, indem seine Vorgänger bisher lebten, vor.

So wie den Heiligen Franz von Assisi, zeichnen auch Papst Franziskus solche einfache, populäre Gesten aus, die den Menschen unmittelbar eingängig sind. So ist es doch mehr das

---

[21] Vgl. Die Gespräche mit Jorge Mario Bergoglio von Sergio Rubin und Francesca Ambrogett, 2013, S. 214 f.

konkrete Handeln und weniger die Predigten, was Menschen überzeugt. Es sind die praktischen Beispiele, wie sie auch Franz von Assisi seinerzeit bereits vorgelebt hat, die uns dazu bringen, uns selbst auf den Weg zu machen.

Auch die zentralen Aspekte aus seiner ersten Ansprache erinnern an die Worte und das Leben des Heiligen Franziskus. Mit Bezug darauf, der Kirche ein neues Gesicht zu verleihen, betonte Papst Franziskus zum einen, dass ein „Leiten in Liebe" unabdingbar sei. Wer sich an Jesus orientiere, müsse sein Leitungsamt in Liebe ausüben und dabei den Glauben der Brüder und Schwestern stärken. Er dürfe nicht wie ein absolutistischer Monarch mit heiliger Gewalt regieren, selbst wenn es das Kirchenrecht so vorsehe. Daraus geht hervor, dass sich Papst Franziskus selbst, so wie auch Franz von Assisi einst, direkt an Jesus orientiert.[22]

In diesem Zusammenhang werde ich kurz verständnishalber den geschichtlichen Kontext erläutern: Jesus kam nicht, um bedient zu werden, sondern um zu dienen. Boff erklärt, ein Papst könne nicht anders handeln, als es Jesus gesagt hat. In ihrer geschichtlichen Entwicklung wurde die Kirche jedoch nach und nach immer mehr geprägt von einstig römischen Herrschafts- und Machtsymbolen. So entstand in einem Verweltlichungsprozess eine absolutistische Monarchie der Päpste, welche die Herkunft der prächtigen päpstlichen Gewänder, Gold-und Silberbrustkreuze, Ringe, großen Klöster und Paläste erklärt.

Ein solcher Machtapparat habe nichts mit der Überlieferung Jesu gemeinsam. Mit schlichten, ehrlichen und volkstümlichen Gesten zeigt Papst Franziskus daher seine Orientierung an Jesus, am Heiligen Franz von Assisi und damit seine Nähe zu den Menschen und wird dafür geschätzt und verstanden. Schon zu seiner Zeit als Kardinal in Buenos Aires zeichnete ihn diese Lebensweise aus. So lebte er damals in einem kleinen Appartement und nicht, wie üblich vorgesehen, in einem Bischofspalast. Er ging selbst Einkaufen und bereitete sich selbst das Essen zu. Er lebte so, wie es gewöhnliche Menschen ebenfalls tun. Dies zeigt, dass er in seinem tiefsten Herzen dieser Lebenseinstellung nacheifert und sich darin mit Sicherheit von seinem Vorbild und Namensgeber bestärken lassen kann. Hierauf werde ich im weiteren Verlauf der Arbeit, im fünften Kapitel, noch näher eingehen.[23]

Des Weiteren verwies Papst Franziskus in seiner ersten Ansprache auf die zentrale Bedeutung des Begriffs „Volk Gottes". Bisher zugunsten einer hierarchischen, klerikalen Kirche abgeschwächt, gewinnt der Begriff unter Papst Franziskus an neuer zentraler Bedeutung. In seiner ersten Ansprache bat er das Volk Gottes demütig darum, für ihn zu beten und vermittelte dadurch hier zu sein, um zu dienen, nicht um bedient zu werden. Er bat darum, dass die Menschen ihm helfen, gemeinsam einen geschwisterlichen Weg zu verwirklichen.

[22] Vgl. Boff, 2014, S. 22 ff.
[23] Vgl. Boff, 2014, S. 98 ff.

Schließlich vermied Papst Franziskus schließlich alles, was seine Gestalt in irgendeiner Weise hätte spektakulär erscheinen lassen können. Aus diesem Grund hob er nicht die Arme empor um das Volk zu begrüßen, sondern stand aufrecht, bewegungslos und nüchtern, gar fast erschrocken da und blickte zärtlich auf die Menge und strahlte dabei Frieden und Vertrauen aus. All dies verdeutlicht, in welcher Form sich Papst Franziskus eine von Trümmern befreite Kirche vorstellt.

Nicht zuletzt kommt hierbei der Tatsache, dass Papst Franziskus selbst aus dem globalen „armen" Süden kommt, große Bedeutung zu. Er ist vertraut mit den Armen der Erde und wird mit diesem Erfahrungsschatz und der neuen Sicht der Dinge „von unten her", inspiriert vom Heiligen Franz von Assisi, die Kurie reformieren, die Verwaltung dezentralisieren und der Kirche wieder ein authentisches Gesicht verleihen können, so Leonardo Boff.[24]

5. Wie lässt sich die Kirche an Haupt und Gliedern herausfordern, leiten und erneuern?

Dazu berufen, die römisch-katholische Kirche zu führen, hat Papst Franziskus stets den Heiligen Franz von Assisi vor Augen und weiß sich durch die Grundhaltungen des Heiligen bestärkt. Durch sein Beispiel wird die gesamte römische Kirche zu einer radikalen Orientierung an Christus, neuer Freude am Evangelium, Vertrauen in die Inspiration jedes Menschen, einer überzeugenden Praxis, Abkehr von Reichtum und Macht, gelebter „Option für die Armen", einer geschwisterlichen Kirche, beherzter Ökumene, offenem Dialog mit Welt- und Naturreligionen, friedenspolitischem Mut und entschiedenem Einsatz für die Schöpfung ermutigt.[25]

5.1 Die „Option für die Armen" und neue Liebe zur Armut

Vom Geiste des Heiligen Franz von Assisi und vom Gedanken der Armut, Einfachheit und völligen Verzichts auf Machtausübung geleitet und inspiriert, war eine der ersten Äußerungen des neu gewählten Papstes Franziskus wie anfangs kurz erwähnt: „Ich wünsche mir eine arme Kirche für die Armen."[26]

Dazu ist es zunächst wichtig zu verstehen, dass Armut für sein Vorbild Franz von Assisi nicht die Wahl eines elenden Lebens bedeutete, sondern vielmehr der Kampf gegen das Elend und die Ermutigung zur engagierten Solidarität.[27] Dem Heiligen Franziskus war klar, dass Besitztümer und Interessen trennenden Charakter haben und sich zwischen Menschen drängen können. Sie verhindern so eine direkte Begegnung von Herz zu Herz und in der Folge

---

[24] Vgl. Boff, 2014, S. 25 ff.
[25] Vgl. Kuster, 2015, S. 80 ff.
[26] Vgl. Boff, 2014, S. 59
[27] Vgl. Kuster & Kreidler-Kos, 2014, S. 30 f.

eine Geschwisterlichkeit. Armut heißt also, sich ständig darum zu bemühen, Besitz und Interessen zu vergessen, um Geschwisterlichkeit zu schaffen und dabei die Fröhlichkeit und den Humor nicht zu verlieren. Im Zentrum steht dabei die gegenseitige Wertschätzung der Geschwisterlichkeit, Achtsamkeit und Sorge füreinander, wobei die Armut jedes Einzelnen gleichzeitig für den Anderen die Herausforderung darstellt, sich um Ihn zu kümmern. Diese Haltung ist es, welche Papst Franziskus auch von Kirchenvertretern sehen möchte, denn sie seien keine Verwalter, sondern vielmehr Hirten, die um die Gläubigen Sorge tragen, sie nähren und liebevoll behandeln sollen. Denn allein die Sorge um den anderen macht das Leben menschlich.[28] Franz von Assisi richtete einst folgende Worte an Papst Honorius III., um dabei festzustellen, in welcher Distanz die Monarchie der Kirche und ihr Hofstaat zur Basis des Gottesvolkes und zu den Menschen am Rande der Gesellschaft waren: „Zu einer so großen Majestät wird armen und verachteten Leuten, wie ihr wisst, Herr, nicht leicht der Zutritt gewährt. Ihr haltet ja den Erdkreis in Händen, und die Beschäftigung mit so großen Dingen lässt nicht zu, dass Ihr den Geringsten Eure Aufmerksamkeit zuwendet." (Thomas von Celano: in Franziskusquellen (wie Anm. 10), 314 (2 C 25))[29]

Im Sinne seines Vorbildes heißt eine arme Kirche für die Armen für Papst Franziskus, dass ein solidarischer Konsum angestrebt werden muss, damit alle das Notwendige für ein angemessenes Leben haben. Des Weiteren müsse eine Kultur des Teilens entstehen um letztlich weniger zu haben, um aber mehr zu sein. Es ist diese von zärtlicher Zuwendung und Verständnis geprägte Grundhaltung, mit der uns Papst Franziskus im Zusammenleben, im Zuhören, im Dialog und im Mitleid mit den Armen begegnet. Vor diesem Hintergrund gilt es zu beachten, dass Papst Franziskus selbst einer dem alten Europa entfernten Welt, der sogenannten dritten Welt, entstammt. In jener Welt, welche stark von sozialer Ungerechtigkeit, Elendsvierteln, verachteten Kulturen, vom Erbe der Versklavung schwarzer Kulturen und von Diskriminierung geprägt ist, stellt sich die Kirche besonders auf die Seite der Schwachen. Die von Papst Franziskus so zentralisierte Option für die Armen und die befreiende Evangelisierung, gegen die Armut, entstammt u.a. auch eben diesem Nährboden. Es kann angenommen werden, dass sich Papst Franziskus entsprechend, besonders auch aus diesem Grund für die Ideale, die der Heilige Franz von Assisi verkörpert, öffnet und sich inspirieren lässt. Die Zuwendung zu den Armen hat für Papst Franziskus höchste Wichtigkeit. So galt der erste Besuch nach seiner Amtseinführung den Flüchtlingen auf Lampedusa, um die Augen der Welt auf das dortige Elend zu richten. Danach besuchte er das Jesuitenzentrum Roms und schließlich die Arbeitslosen auf Korsika.[30] Vergleichbares findet sich auch im Leben des Heiligen Franz von Assisi wieder, der sich während eines gemeinsamen Mittagsmahls mit dem Kardinalbischof Ugo von Ustia, einigen Prälaten und Verwandten des Kardinalbischofs,

---

[28] Vgl. Boff, 2014, S. 69 ff.
[29] Vgl. Kuster & Kreidler-Kos, 2014, S. 33
[30] Vgl. Boff, 2014, S. 75 ff.

entschuldigte, um sich vor die Türe zu den Bettlern zu begeben und dort Speisereste einzusammeln. Diese Gaben verteilte Franz von Assisi schließlich unter den Gästen und erklärte dem peinlich berührten Kardinalbischof anschließend: „Habe ich Euch nicht geehrt, indem ich einen größeren Herrn ehrte? Gott selber liebt die Armut, und ich will meinem Herrn folgen, der seinen Reichtum aufgab und unseretwegen arm geworden ist." (vgl. Franziskusquellen (wie Anm. 10), 342 (2 C 73), Franziskusquellen, 1174-1176 (Per 97), Franziskusquellen, 730 (LM 7 7) Dies ist eine der Begebenheiten, mit der Franz von Assisi die Aufmerksamkeit der Gesellschaft auf die am Rande Lebenden zu lenken versuchte.[31]

Obwohl diese Prioritätensetzung bei Papst Franziskus für die Kurie z.T. schon fast skandalös ist, ist für Papst Franziskus die Option für die Armen, anders als noch für seine beiden Vorgänger, also nicht nur ein reines „Lippenbekenntnis".[32] „Ich sehe die Kirche als Feldlazarett nach einer Schlacht. Es ist nutzlos, einen Schwerverwundeten zu fragen, ob er einen hohen Cholesterinspiegel habe oder zuckerkrank sei. Es kommt darauf an, seine Wunden zu heilen. Danach kann man sich über alles Übrige unterhalten. Die Kirche hat sich zuweilen in Kleinigkeiten, engstirnigen Vorschriften verzettelt. Die wichtigste Sache ist aber die Verkündigung, die an erster Stelle steht, nämlich: „Jesus hat uns gerettet". Deshalb müssen die Diener der Kirche in erster Linie Diener der Barmherzigkeit sein, und die organisatorischen oder strukturellen Reformen sind zweitrangig, das heißt, sie kommen erst danach, denn die erste Reform muss die der Grundhaltung sein. Die Diener des Evangeliums müssen Menschen sein, die die Fähigkeit haben, das Herz der Menschen zu erwärmen, mit ihnen zu teilen, in ihre Dunkelheit vorzudringen, ohne sich zu verirren. Das Volk Gottes will Hirten und keine Funktionäre oder Beamten."[33] Mit diesen Worten verdeutlicht Papst Franziskus wiederum, wie er die Sendung der Kirche selbst sieht und vor allem wie er sie lebt. So spricht er bei seiner Brasilienreise beispielsweise von einer „Revolution der Zärtlichkeit", welche er von den Bischöfen forderte. Mit Papst Franziskus beginnt also eine Ära, in der weniger die Lehre und Disziplin, als vielmehr Jesus und der Mensch mit seinem Suchen und Fragen, ob nun gläubig oder nicht, im Zentrum stehen.[34] Wie einst bei Franz von Assisi steht für Papst Franziskus die Befreiung der Unterdrückten, Armen und Benachteiligten, entsprechend der Botschaft Jesu vom Reich Gottes, an erster Stelle. Konkret geht es ihm dabei um die Befreiung von Hunger, vom Elend, vom moralischen Verfall und vom Bruch mit Gott. Erst an zweiter Stelle steht die Theologie, d.h. die nachträgliche Reflexion über die tatsächliche Wirklichkeit. Inwieweit also das Reich Gottes vorweggenommen wird und inwiefern das Christentum zusammen mit anderen Menschen an der Verwirklichung von Menschlichkeit und Befreiung

---

[31] Vgl. Kuster & Kreidler-Kos, 2014, S. 35 f.
[32] Vgl. Boff, 2014, S. 77
[33] Boff, 2014, S. 77
[34] Vgl. Boff, 2014, S. 77 f.

mitarbeiten kann. Entscheidend ist also vor allem die reale Befreiung und erst danach gewinnt eine eventuelle Reflexion an Bedeutung.

Papst Franziskus nimmt ganz bewusst das Aufschreien der Unterdrückten wahr und lebt diesen Befreiungsgedanken dementsprechend selbst aus. So hat für ihn die Solidarität mit den Armen bzw. die Option für die Armen gegen die Armut und für Leben und Gerechtigkeit höchste Priorität. Diese Option ist für Papst Franziskus eine spirituelle Grundhaltung und Art und Weise zu leben. Dabei appelliert er entschieden, dass Armut nicht allein durch Menschenfreundlichkeit überwunden wird, sondern durch eine Politik, die den Unterdrückten ihre Würde zurückgibt und sie zu selbständigen und teilhabefähigen Bürgern macht. Dabei sieht sich Papst Franziskus selbst eher als Hirte und Meister im Ausleben des Glaubens und weniger als Theologe bzw. Meister des Glaubensverständnisses. „Auf diese Weise ist er selbst freier, vom Evangelium her, von seiner emotionalen und spirituellen Intelligenz her mit offenem und empfindsamen Herzen im Einklang mit der Welt zu sprechen, die heute eine planetarische Einheit geworden ist."[35] [36] Im Evangelii gaudium betont Papst Franziskus, dass die Option für die Armen neu zu beleben und die eigentliche Zukunftsaufgabe mit großer Reichweite ist: „Sie [die Armen] haben uns vieles zu lehren. Sie haben nicht nur Teil am sensus fidei, sondern kennen außerdem ‚dank ihrer eigenen Leiden, den leidenden Christus. Es ist nötig, dass wir alle uns von ihnen evangelisieren lassen. Die neue Evangelisierung ist eine Einladung, die heilbringende Kraft ihrer Leben zu erkennen und sie in den Mittelpunkt des Weges der Kirche zu stellen. Wir sind aufgerufen, Christus in ihnen zu entdecken, uns zu Wortführern ihrer Interessen zu machen, aber auch ihre Freunde zu sein, sie anzuhören, sie zu verstehen und die geheimnisvolle Weisheit anzunehmen, die Gott uns durch sie mitteilen will." (EG 198)[37]

Insbesondere das Gespür für die leisen Nöte von Menschen, sowie für den lauten Aufschrei der Armen zeichnen Papst Franziskus aus und verbindet ihn auf diese Weise mit seinem heiligen Vorbild. Mit wachem Blick begegnet Papst Franziskus der Armut, indem er soziale Not, wirtschaftliches Unrecht und menschliche Leiden wahrnimmt, sich persönlich berühren lässt, sie öffentlich zum Thema macht und mit seinen Möglichkeiten daran arbeitet, Armut zu bekämpfen, so wie dies Franz von Assisi einst zu tun pflegte.[38] So bewegte der Heilige Franz von Assisi im Rahmen seiner Art prophetischer Kritik all die Menschen, die ihn auf der Durchreise sehen wollten dazu, den Blick auf die Leprakranken zu werfen: „Als Franziskus eines Tages durch Borgo San Sepolcro reisen musste, ritt er auf einem Esel. Und da er in einem Aussätzigenheim rasten wollte, erfuhren viele Leute von der Durchreise des Mannes Gottes. Von allen Seiten eilten Männer und Frauen herbei, ihn zu sehen, und verlangten, ihn mit der gewohnten Ehrfurcht berühren zu dürfen. Was taten sie da nicht alles? Sie berührten

---

[35] Boff, 2014, S. 83
[36] Vgl. Boff, 2014, S. 79 ff.
[37] Vgl. Kuster & Kreidler-Kos, 2014, S. 88
[38] Vgl. Kuster, 2015, S. 81 ff.

ihn und zogen an ihm, und von seinem Kleid schnitten sie Stücklein ab, um sie aufzubewahren." (Thomas von Celano, Memoriale, in Franziskusquellen (wie Anm. 10), 354 (2 C 98)[39] Dabei war und ist für beide das Beispiel Jesu das zentrale Vorbild, welcher kein alternatives Gesellschaftssystem entwarf, jedoch einen neuen Blick auf den Menschen lehrte, eine Praxis des Teilens einleitete, Bedürftige aller Art zu seinen Lieblingsgeschwistern erklärte und von einem Gott sprach, in dessen Welt es weder Grenzen noch Fremde gibt.

Durch sein Vorleben ermutigt Papst Franziskus Menschen in allen Lebensformen, Nöte im eigenen Alltag mit wachem Blick wahrzunehmen. „Seien es individuelle Formen oft leiser Armut von Menschen, die einsam, ungeliebt oder hilflos sind, seien es gesellschaftliche Phänomene der Diskriminierung, Ausgrenzung und Verarmung, die auch die reichsten und fortschrittlichsten Länder Europas kennen."[40] Ganz im Sinne des franziskanischen Armutsverständnisses, welches eben lehrt, nicht möglichst wenig zu haben, sondern möglichst viel zu teilen, teilt Papst Franziskus sowohl materielle Güter, wie beispielsweise die vatikanischen Räumlichkeiten, als auch seine geistigen Erfahrungen und Kräfte sowie seine Zeit, um sich für die Menschen einzusetzen.

Schließlich versteht Papst Franziskus eine „arme Kirche" nicht mittel- und machtlos, sondern vielmehr liebevoll solidarisch, nicht monarchisch, sondern vielmehr menschennah, nicht in ästhetischer Reinheit gefangen, sondern mit der „Freude des Evangeliums" in den Schmutz der Welt gesandt.

Indem der Papst mit leeren Händen Menschen in ihrer Trauer, Angst, Hoffnung und Freude umarmt, erinnert er an den größten Schatz des Menschen. Nämlich an die Offenheit für das Du, Liebe zum Nächsten und Freude am Leben, das Gott selbst allen in Fülle wünscht.[41]

5.2 Das Volk Gottes – Geschwisterlichkeit – Einsatz für den Frieden

Wie auch Franz von Assisi lässt sich Papst Franziskus vom Gedanken der Geschwisterlichkeit aller Menschen leiten. Er bezeichnet sowohl alle Getauften in Welt- und Freikirchen, sowie das Judentum und die Muslime als Geschwister.[42] In diesem Sinne beschränkte sich die Brüderlichkeit auch bei Franz von Assisi einst nicht auf seinen Orden, sondern galt allen Gläubigen: „Alle, die Gott lieben <...> sie sind Söhne und Töchter des himmlischen Vaters." (Franziskusquellen (wie Anm. 10), 123-124 (1 Gl 1,1.5-10)) In seiner Ordensregel hielt der Heilige bzgl. aller Nationen und Menschen fest: „Das brüderliche Wirken sollte dazu beitragen, dass alle Menschen Gott gemeinsam lieben." (Franziskusquellen (wie Anm. 10), 91-92[43] Mit seiner Art zu leben demonstriert Papst Franziskus seine Überzeugung, ein Mensch vor Gott

---

[39] Vgl. Kuster & Kreidler-Kos, 2014, S. 47
[40] Kuster, 2015, S. 84
[41] Vgl. Kuster, 2015, S. 81 ff.
[42] Vgl. Kuster, 2015, S. 87 f.
[43] Vgl. Kuster & Kreidler-Kos, 2014, S. 73 f.

und zugleich ein Mensch unter Menschen, ein Bruder unter Geschwistern zu sein.[44] Er selbst sagt: „Ich brauche Gemeinschaft. Ohne Menschen kann ich nicht leben. Ich muss mein Leben zusammen mit anderen leben." (Spadaro, Interview mit Papst Franziskus (wie Anm. 25), 30-31)[45] Mit Offenheit grüßt er, küsst er, segnet er, fasst er an, und lässt sich anfassen. Er betont, dass er ein Papst der Nähe und ein Mensch unter Menschen ist und nicht die einsame Spitze der Kirche sein möchte. Dies wird bereits daran deutlich, dass Papst Franziskus, untypisch für sein Amt, weiterhin im Gästehaus des Vatikan wohnen bleibt, um in Gemeinschaft mit Menschen zu sein.

Nach der Auffassung von Papst Franziskus, muss die Kirche in engen direkten Kontakt mit Familien und dem Leben des Volkes treten um den Menschen möglichst nahe zu sein.[46] Das begründet er auch mit Bezug zur Bibel: „Das Wort Gottes lehrt uns, dass sich im Mitmenschen die kontinuierliche Fortführung der Inkarnation für jeden von uns findet."(EG 179)[47] Demnach ist in jedem Menschen das Göttliche zu finden. Dies gilt es zu würdigen und bedeutet in franziskanischem Sinne wiederum, sich nicht zu erhöhen, sondern eine Stufe zu wählen, auf welcher alle Menschen gemeinsam stehen können.[48] Passend dazu betete Papst Franziskus noch am Abend seiner Wahl zu aller erst ein gemeinsames Vaterunser mit dem Volk Gottes und spricht vom geschwisterlichen Weg: „Einer ist euer Vater, der im Himmel, ihr alle aber seid Geschwister" (Mt 23,9), so wie es Jesus gelehrt hatte.[49] Bewusst begegnet Papst Franziskus allen Menschen auf Augenhöhe, spricht durch berührende Zeichen, konkrete Taten und weitet wie Franz von Assisi dabei Geschwisterlichkeit auf alle Menschen aus. [50]

Um den Ursprung des Geschwisterlichkeitsverständnisses bei Franz von Assisi und Papst Franziskus nachvollziehen zu können, ist es entscheidend, zu verstehen, dass im mitmenschlichen Leben Christus selbst gegenwärtig bleibt: „Was ihr für meine geringsten Geschwister getan habt, das habt ihr mir getan." (Mt 25,40) Das Reich Gottes will Gottes Liebe so erfahrbar machen, dass „das Gesellschaftsleben für alle ein Raum der Geschwisterlichkeit, der Gerechtigkeit, des Friedens und der Würde" werden kann. (EG 180)[51] Papst Franziskus sieht die Bestimmung des Menschen im Doppelgebot der Gottes- und Nächstenliebe: „Wir alle wurden für das erschaffen, was das Evangelium uns anbietet: die Freundschaft mit Jesus und die geschwisterliche Liebe." (EG 265)[52] In Anlehnung dessen verstand es Franz von Assisi, sich nicht urteilend über andere zu erheben, sowie dies auch Papst Franziskus tut, indem er

---

[44] Vgl. Kuster, 2015, S. 87 f.
[45] Vgl. Kuster & Kreidler-Kos, 2014, S. 65
[46] Vgl. Kuster & Kreidler-Kos, 2014, S. 65 ff.
[47] Vgl. Kuster & Kreidler-Kos, 2014, S. 67
[48] Vgl. Kuster & Kreidler-Kos, 2014, S. 67
[49] Kuster & Kreidler-Kos, 2014, S. 71
[50] Vgl. Kuster & Kreidler-Kos, 2014, S. 13 f.
[51] Vgl. Kuster & Kreidler-Kos, 2014, S. 76
[52] Vgl. Kuster & Kreidler-Kos, 2014, S. 76

respektvoll darauf verzichtet „über Menschen, die Gott suchen, zu urteilen."[53] Mit Bezug auf Franz von Assisi führt die Drei-Gefährten-Legende diesen Sachverhalt kurz auf: „Er wies auch die Brüder an, über keinen Menschen zu urteilen und die nicht zu verachten, die im Luxus leben und sich ausgefallen und übertrieben kleiden; denn Gott ist unser und ihr Herr, der sie zu sich rufen und die so Berufenen rechtfertigen kann <...> (3 Soc 58)[54] Im Sinne des Heiligen Franz von Assisi betont Papst Franziskus, in jedem Menschen die Söhne und Töchter Gottes zu sehen. Mehr noch, er weist ausdrücklich darauf hin, dass Gott als liebender Vater niemals eines seiner Geschöpfe fallen lässt.[55]

Nicht zuletzt gibt Papst Franziskus der Barmherzigkeit, dem liebevollen Umgang mit allen Menschen, ihrer Lebensgeschichte und Situation allererste Priorität, noch vor jeder Doktrin und Disziplin. Dadurch werden Menschen im eigenen Alltag dazu ermutigt, dem Vorbild Jesu mit neuer Entschlossenheit zu folgen.[56] Unter dem Motto „Seid barmherzig wie der himmlische Vater!" hat Papst Franziskus am 08. Dezember des Jahres 2015 passend dazu das Jahr der Barmherzigkeit der katholischen Kirche ausgerufen. Es dient der besonderen inneren Einkehr, der persönlichen Glaubenserfahrung, dem Pilgern, der Umkehr und fordert dazu auf die Beziehung mit Gott und den Mitmenschen zu erneuern. Papst Franziskus betonte, die Kirche habe es selbst nötig Barmherzigkeit zu erlangen und wünscht sich v.a. seitens der Beichtväter ein großes Maß an Barmherzigkeit. Es geht dabei darum, nicht zu urteilen oder zu verdammen, sondern vielmehr zu vergeben und in maßloser Weise Liebe und Verzeihung zu schenken.[57]

Auch nimmt sich Papst Franziskus Frage nach der Rolle der Frau innerhalb der Kirche an. Er verweist auf die Notwendigkeit der Leitungsverantwortung und Mitbestimmung von Frauen bei wichtigen Entscheidungsprozessen in der Kirche. „Dem Herrn gefällt es nicht, dass in seiner Kirche das weibliche Bild fehlt." (EG 285)[58] In dieser Hinsicht bestärken lassen, kann sich Papst Franziskus sicherlich von der Beziehung, die der Heilige Franz von Assisi zur Heiligen Klara pflegte, welche ebenfalls die radikale Lebensweise nach dem Evangelium zu leben verstand. Entscheidend hierbei ist, dass Franz von Assisi Klaras Berufung respektvoll unterstütze. Dabei hatte Klaras frei gewählte Armut in politischer Hinsicht eine doppelte Bedeutung. Zum einen repräsentierte sie die absolute Alternative zu einer reichen Kirche und Gesellschaft und zum anderen stand sie v.a. auch für eine mutige weibliche Grenzüberschreitung.[59] Um die inhaltliche Spanne nicht zu sprengen, kann ich dies im Rahmen dieser Arbeit jedoch nicht näher ausführen.

[53] Vgl. Kuster & Kreidler-Kos, 2014, S. 76 f.
[54] Vgl. Feld, 2001, S. 47
[55] Vgl. Kuster & Kreidler-Kos, 2014, S. 77
[56] Vgl. Kuster, 2015, S. 89
[57] http://www.domradio.de/themen/heiliges-jahr/2015-12-07/fragen-und-antworten-zum-heiligen-jahr-der-katholischen-kirche
[58] Vgl. Kuster & Kreidler-Kos, 2014, S. 81
[59] Vgl. Kuster & Kreidler-Kos, 2014, S. 79 ff.

Die künftige Herausforderung für die gesamte Menschheit wird es sein, eine wahre Geschwisterlichkeit zu entwickeln. Mit seiner so sehr zentralisierten Option für die Armen kann Papst Franziskus hierbei Orientierung bieten und sich dabei von seinem heiligen Namenspatron bestärken lassen: „Geschwisterlichkeit nimmt Maß an den Schwächsten und lässt vermeintlich Starke die eigenen Schwächen nicht länger verdrängen, sondern sie vielmehr annehmen. Auf diese Weise entfaltet sie ihre ganze, gottgewollte Stärke." (Kuster, Franziskus (wie Anm. 44), 184-187, dazu 192-199) [60]

Worin Papst Franziskus außerdem von seinem Namensgeber Franz von Assisi bestärkt werden kann, ist seine unermüdliche Friedensmission in einer globalen Welt der sozialen Unterschiede, aber auch der religiösen Vielfalt. So wie auch Franz von Assisi (mit Bezug zu Kapitel 2 – Franz von Assisi interveniert in den Kreuzzügen) nimmt sich Papst Franziskus der Sendung der Apostel, Frieden in die Häuser und bis an die Grenzen der Erde zu tragen, an. So steht auch die Zuversicht in die Ökumene der Kirchen im Zeichen des Dialogs und des Bekenntnisses zur Geschwisterlichkeit.

Papst Franziskus markierte bereits im Rahmen seiner Amtseinsetzung einen historischen Wendepunkt, indem erstmals in der Geschichte der Westkirche bzw. seit dem Spaltungsprozess der Kirche beim Schisma im Jahre 1054, auch der griechisch- orthodoxe Patriarch von Konstantinopel (in diesem Fall Patriarch Bartholomaios I.) als Gast anwesend war. Dieser hoffnungsvolle Moment kann in den Augen des Patriarchen für künftige Generationen den Weg der Wiedervereinigung zwischen der Ost- und Westkirche einleiten. Im Anschluss an Begegnungen mit dem Ratsvorsitzenden der Evangelischen Kirche in Deutschland und dem koptischen Papst Tawadros II., empfängt Papst Franziskus auch die Spitze der anglikanischen Kirche, in Person des Erzbischofs Justin Welby. In einer Rede an diesen knüpft Papst Franziskus einmal mehr wiederum an Jesus Christus und den Gedanken der Geschwisterlichkeit an: „Die heutige Begegnung, lieber Bruder, bietet uns die Gelegenheit, uns daran zu erinnern, dass das Streben der Christen nach Einheit nicht durch praktische Erwägungen, sondern durch den Wunsch des Herrn Jesus Christus selbst angeregt wurde, der uns zu seinen Brüdern und Schwestern und Kindern des einen Vaters gemacht hat. (Ansprache von Papst Franziskus an Justin Welby, vom 14. Juni 2013, Vatikanhomepage)[61] Der anglikanische Primas selbst beschreibt Papst Franziskus als hoffnungsgebende und wunderbare Person und betont, dass es demnächst mit Sicherheit Überraschungen gemeinsam zu verkünden gebe. Bezüglich der koptischen Kirche betont Papst Franziskus die Gemeinsamkeit in Form der Taufe und hofft dabei auf den Tag, an dem beide Kirchen gemeinsam am Altar feiern können.

---

[60] Vgl. Kuster & Kreidler-Kos, 2014, S. 89
[61] Vgl. Kuster & Kreidler-Kos, 2014, S. 91

Ende Januar 2014 äußerte Papst Franziskus zum Abschluss der Gebetswoche für die Einheit der Christen: „Liebe Freunde, Christus kann nicht zerteilt werden! Diese Gewissheit muss uns ermutigen und bestärken, mit Demut und Zuversicht auf dem Weg der Wiederherstellung der vollen sichtbaren Einheit aller an Christus Glaubenden voranzuschreiten..." „Beten wir, dass er [der heilige Paulus] uns helfe auf diesem Weg...der Einheit, der Liebe, unterwegs in Einigkeit. Die Einheit wird nicht kommen wie ein Wunder am Ende. Die Einheit kommt auf dem Weg." (Predigt von Papst Franziskus vom 25. Jan. 2014) [62]

In seinen ökumenischen Begegnungen knüpft Papst Franziskus in franziskanischem Sinne also explizit an die verbindenden Gemeinsamkeiten, wie der Gemeinschaft mit dem Herrn Jesus Christus und der einen Taufe, die Gläubige jeder Konfession Töchter und Söhne Gottes werden lässt, an und betont, dass es den trennenden Charakter des Sakraments des Mahls mit Entschlossenheit zu überwinden gilt. Im Evangelii gaudium kommt bzgl. des interkonfessionellen Dialogs zum Ausdruck: „Das ökumenische Engagement entspricht dem Gebet Jesu, des Herrn, der darum bittet, dass „Alle eins sein" sollen (Joh 17,21). Die Glaubwürdigkeit der christlichen Verkündigung wäre sehr viel größer, wenn die Christen ihre Spaltungen überwinden würden und die Kirche erreichen könnte, „dass sie die ihr eigene Fülle der Katholizität in jenen Söhnen und Töchtern wirksam werden lässt, die ihr zwar durch die Taufe zugehören, aber von ihrer völligen Gemeinschaft getrennt sind". Wir müssen uns immer daran erinnern, dass wir Pilger sind und dass wir gemeinsam pilgern." (EG 244)[63] Nicht zuletzt wird darin die Ökumene als Beitrag zur Einheit der Menschheitsfamilie beschrieben.

Nun kann sich Papst Franziskus speziell in der Ökumene einmal mehr vom Heiligen Franz von Assisi leiten lassen. Wieder steht die Enthaltung jeglichen Urteils über andere Menschen beim Heiligen von Assisi im Zentrum. Franz von Assisi hatte tiefes Vertrauen in die göttliche Inspiration jedes, auch einfachster Menschen, wobei der Geist Gottes für ihn die eigentlich leitende Kraft und das Evangelium die wahre Regel seines Ordens war. So sollte jeder Mensch, durch göttliche Inspiration handelnd, die Wahl der Christusnachfolge nach eigenem Willen und die Ratschläge Jesu nach freiem Ermessen umsetzten. Diese Glaubensweise lässt sich auf die Gesamtkirche und den geschwisterlichen, inspirierenden Dialog der Kirchen übertragen. Entscheidend ist, dass Papst Franziskus schließlich sich selbst und die Vertreter anderer Kirchen als Geschwister vor dem gleichen einen Vater sieht.

In Anlehnung an seine Friedensmission ist Papst Franziskus zum Dialog mit Welt und Politik und zum Brückenbau zu Gott und zwischen den Menschen bestimmt. Dazu bezieht er selbst Stellung: „Jesu Liebesgebot schließt alle Dimension des Daseins ein, alle Menschen, alle Milieus und alle Völker."(EG 181)[64] Papst Franziskus sieht seinen sozialen, politischen und ökologischen Auftrag darin, eine menschlichere und universal geschwisterliche Welt

---

[62] Vgl. Kuster & Kreidler-Kos, 2014, S. 92 f.
[63] Vgl. Kuster & Kreidler-Kos, 2014, S. 96 f.
[64] Vgl. Kuster & Kreidler-Kos, 2014, S. 133

aufzubauen und macht dies in seinem ersten Empfang für das beim Heiligen Stuhl akkreditierte Diplomatische Korps deutlich: „Ich wünsche mir wirklich, dass der Dialog zwischen uns dazu beiträgt, Brücken zwischen allen Menschen zu bauen, so dass jeder im anderen nicht einen Feind, einen Konkurrenten sieht, sondern einen Bruder [und eine Schwester], die er annehmen und umarmen soll!" Des Weiteren ergänzt er: „Man kann nämlich keine Brücken zwischen Menschen bauen, wenn man Gott vergisst. Doch es gilt auch das Gegenteil: Man kann keine wahre Verbindung zu Gott haben, wenn man die anderen ignoriert. Darum ist es wichtig, den Dialog zwischen den verschiedenen Religionen zu verstärken <...> Frieden [zu]schaffen und Brücken [zu]bauen <...>." (Ansprache vom 22. März 2013, in: Papst Franziskus „Und jetzt beginnen wir diesen Weg" (wie Anm. 1), 54-56[65] Im Rahmen dieses Friedensauftrags verweist Papst Franziskus ausdrücklich auf Franz von Assisi, der weit über die katholische Kirche hinaus bekannt, als Freund der Armen, als Bruder mit geschwisterlichem Menschenbild, als ökologisch achtsam und als Brückenbauer zwischen Konfliktparteien gilt. So wirkte der Heilige friedensstiftend zwischen verfeindeten Parteien, sowohl im kleinen als auch im großen Stil und versuchte diese zur Versöhnung zu bewegen. Die freundschaftliche Begegnung des Heiligen Franz von Assisi und dem islamischen Oberherrscher Sultan Muhammad al-Kâmil konnte so schließlich zum prophetischen Zeichen werden, welches bis heute nachwirkt.

Aus folgendem Gebet geht die Überzeugung Franz von Assisis, eine Menschheitsfamilie zu sein, in der alle zur Gottesliebe berufen sind besonders deutlich hervor: „Alle Völker, Geschlechter, Stämme und Sprachen, alle Nationen und alle Menschen wo auch immer auf Erden, die sind und sein werden … aus ganzem Herzen, aus ganzer Seele, aus ganzer Gesinnung, aus aller Kraft und Stärke, mit ganzem Verstand, mit allen Kräften, mit ganzer Anstrengung, mit ganzer Zuneigung, mit unserem ganzen Inneren, mit allen Wünschen und aller Willenskraft Gott den Herrn [zu] lieben, der uns allen den ganzen Leib, die ganze Seele und das ganze Leben geschenkt hat und schenkt". (Franziskusquellen (wie Anm. 10), 91-92 (NbR 23,7-8)[66]

Wie sich Papst Franziskus nun von seinem heiligen Vorbild inspirieren lässt, zeigt die Art und Weise, wie er tiefen Glauben mit politischer Leidenschaft verbindet: „Wer an den Vater aller Menschen glaubt, sieht die Menschheitsfamilie mit geschwisterlicher Liebe und setzt sich mit engagierter Sorge für sie ein". (Die Ernennung kommentiert mit wachem Interesse „La Repubblica" vom 31. August 2013 (online))[67] Dabei geht er selbst entschlossen mit gutem Beispiel voran und ruft, wie Franz von Assisi einst, zu friedlichen Wegen auf weltpolitischer Ebene, aber auch im kleinen Rahmen, auf.[68] [69]

---

[65] Vgl. Kuster & Kreidler-Kos, 2014, S. 134 f.
[66] Vgl. Kuster & Kreidler-Kos, 2014, S. 139
[67] Vgl. Kuster & Kreidler-Kos, 2014, S. 140
[68] Vgl. Kuster, 2015, S. 85 ff.
[69] Vgl. Kuster & Kreidler-Kos, 2014, S. 64 ff.

Im Rahmen seiner Brasilienreise verwies Papst Franziskus ausdrücklich auf die Möglichkeit von Entscheidungen jenseits egoistischer Gleichgültigkeit, nämlich den konstruktiven Dialog als Konfliktlösungsmethode. Bzgl. des Dialogs mit der modernen Welt und der Vielfalt der Religionen betonte er, dass ein gemeinsamer Austausch und ein tiefer Sinn für Solidarität mit Bedürftigen entwickelt werden müsse, wobei alle Glaubensrichtungen zusammenarbeiten und sich für die Opfer engagieren müssen. Nicht zuletzt vermittelte Papst Franziskus dabei selbst eine Aura des Wohlwollens, des Friedens und des Glücks und war auf Zärtlichkeit und Geschwisterlichkeit bedacht.[70]

Im Evangelii gaudium beschreibt Papst Franziskus schließlich gezielt, inwiefern die Kirche soziale und politische Friedensarbeit zu leisten hat. Dabei spielen der Dialog mit den Staaten, der Dialog mit der Gesellschaft und der Dialog mit anderen Glaubenden und Kulturen außerhalb der katholischen Kirche die zentrale Rolle. Letztlich ruft er darin zum „Dialog zwischen Glaube, Vernunft und den Wissenschaften" auf und vertraut diesbezüglich wie auch Franz von Assisi auf die Kraft des Heiligen Geistes, der in allen Menschen wirkt. Dazu hat er als päpstlicher Brückenbauer wie Franz von Assisi einst, die ganze Welt und ihren Frieden im Blick. Insofern betont Papst Franziskus, müssen die Begegnung der Religionen und der interreligiöse Dialog, insbesondere mit dem Islam, aber auch dem Judentum verstärkt werden. Er selbst begegnet den Muslimen dabei im Stile seines heiligen Vorbildes auffallend häufig, herzlich, offen und respektvoll. Auch der Rektor des lateinamerikanischen jüdischen Rabbiner-Seminars Abraham Skorka weiß zu berichten, wie die Begegnung mit Papst Franziskus auf gegenseitiger Achtung und Aufrichtigkeit beruhte.

Im Wunsch nach Verständigung zwischen den Religionen kann sich Papst Franziskus vom Heiligen Franz von Assisi gezielt leiten lassen. So verstand auch der Heilige die Sendung seiner Brüder weltweit und hatte die Vision einer universalen Menschheitsfamilie, die vom einen Vater geliebt und vom gleichen Geist bewegt, Frieden finden kann – einen Frieden, der durch Christus zudem geschwisterlich verbindet. Nicht zuletzt ist der Heilige Franz von Assisi heute Pate für die Friedenstreffen der Weltreligionen.

Im Hinblick auf nichtglaubende Menschen, welche sich nicht als Angehörige einer religiösen Tradition sehen, jedoch sehnsüchtig nach Wahrheit, Güte und Schönheit suchen betont Papst Franziskus, wie wertvoll jene als Verbündete im Einsatz für Menschenwürde, ein friedliches Zusammenleben der Völker und die Bewahrung der Schöpfung sind. [71] [72]

---

[70] Vgl. Boff, 2014, S. 106 ff.
[71] Vgl. Kuster, 2015, S. 85 ff.
[72] Vgl. Kuster & Kreidler-Kos, 2014, S. 144 ff.

5.3 Die ökologische Sorge um die Welt und die Liebe zur Schöpfung

Wie einleitend bereits erwähnt, gibt Papst Franziskus auf die Nachfrage nach seiner Namenswahl unter den drei Beweggründen an, dass der Heilige Franz von Assisi für ihn ein Mann ist, der die Schöpfung liebt und bewahrt.[73] Mit der Namenswahl des Papstes wird unmittelbar die Frage nach der Erhaltung der Lebensfähigkeit des Planeten Erde und der Sicherung einer Zukunft für die Zivilisation, die heute als aktueller denn je erscheint, ins Gedächtnis gerufen. Dabei kann die Schöpfung nur über die Verbindung der sog. äußeren und inneren Ökologie, so wie es der Heilige Franz von Assisi so beispielhaft vorgelebt hat, bewahrt werden. D.h. die äußere Ökologie bzw. die Erhaltung der Umwelt kann auf der Stufe des Menschen nur verwirklicht werden, wenn sie beim Menschen Entsprechung findet und der inneren Ökologie entspringt.[74]

So wie der Heilige vollen Frohsinns ein Straßenmusiker und ein Sänger Gottes und der Schöpfung war, berührt auch Papst Franziskus mit seiner Heiterkeit, Lebensfreude und liebenswürdigen Art. In der Gewissheit, ein Pilger auf Erden zu sein, um schließlich über Schwester Tod zum eigentlichen Ziel und zu Gott zu gelangen, kann Papst Franziskus so wie Franz von Assisi ein frohes, dankbares Leben auf Erden führen. Inspiriert vom Geiste des Heiligen, setzt sich Papst Franziskus mit aller Kraft für einen liebevollen und achtsamen Umgang mit der Schöpfung des Herrn ein. In seinem Sonnengesang offenbart Franz von Assisi seine Liebe zur gesamten Schöpfung und bezeugt die Achtung gegenüber allem, was Gott erschaffen hat.[75] [76] Seine Gefährten wussten zu berichten, wie Franz von Assisi aus der Fassung geraten konnte, wenn es jemand an Ehrfurcht gegenüber den Kreaturen fehlen ließ. (Leg. Per. 86)[77] Dabei steht der Mensch im Zentrum der Schöpfung und soll ihr helfen, sich zu entwickeln um immer mehr dem zu entsprechen, wie Gott sie geschaffen hat. Daran knüpft Papst Franziskus unmittelbar an: „Achten wir die Schöpfung, seien wir nicht Werkzeuge der Zerstörung! Achten wir jeden Menschen [den es zu schützen gilt]: Mögen die bewaffneten Konflikte, die die Erde mit Blut durchtränken, aufhören! Mögen die Waffen schweigen und überall der Hass der Liebe weichen, die Beleidigung der Vergebung und die Zwietracht der Einheit! Hören wir den Schrei derer, die weinen, leiden und sterben aufgrund der Gewalt, des Terrorismus oder des Krieges – im Heiligen Land, das der heilige Franziskus so sehr liebte, in Syrien, im ganzen Nahen Osten, in aller Welt. Wir wenden uns an dich, heiliger Franziskus, und bitten dich: Erwirke uns von Gott die Gabe, dass in dieser unserer Welt Harmonie, Frieden und Achtung gegenüber der Schöpfung herrsche!" (Homilie beim Pastoralbesuch in Assisi)[78]

---

[73] Vgl. Kuster & Kreidler-Kos, 2014, S. 162 ff.
[74] Vgl. Boff, 2014, S. 50 ff.
[75] Vgl. Kuster, 2015, S. 90
[76] Vgl. Kuster & Kreidler-Kos, 2014, S. 162
[77] Vgl. Feld, 2001, S. 55
[78] Vgl. Kuster & Kreidler-Kos, 2014, S. 163

Papst Franziskus und alle Menschen können sich ganz speziell an der gelebten Naturverbundenheit und der Ehrfurcht des Heiligen Franz von Assisi vor der Schöpfung orientieren, die ein ganzheitliches Denken, eine Liebe und einen Subjekt-Subjekt-Dialog mit allen Geschöpfen implizieren. Franz von Assisi entdeckte die Geschwisterlichkeit aller Geschöpfe und Seinsformen vor dem einen selben Schöpfer und Vater, wobei die Botschaft vom Reich Gottes allen Geschöpfen galt. Die Schönheit der Schöpfung war für ihn dabei ein Spiegel von Gottes Güte.[79] [80] Eines der bekanntesten Beispiele hierfür dürfte die Predigt sein, die der Heilige Franz von Assisi an eine Schar von Vögeln hielt, festgehalten von Celano.[81] Inspiriert vom achtsamen Umgang mit der Schöpfung bei Franz von Assisi, bezieht Papst Franziskus die ökologische Verantwortung in die evangelische Mission der Kirche mit ein. Im Evangelii gaudium sagt er ausdrücklich: „Klein, aber stark in der Liebe Gottes wie der heilige Franziskus, sind wir als Christen alle berufen, uns der Schwäche des Volkes und der Welt, in der wir leben, anzunehmen".[82] Dabei geht es Papst Franziskus um die Grundhaltung des Menschen gegenüber der Schöpfung. Es genüge demnach nicht, schärfere Normen einzuführen, um die Erde zu retten, sondern es bedarf einer grundlegend neuen Sensibilität. Papst Franziskus verdeutlicht, dass nur eine neue Ehrfurcht, Beziehungsfähigkeit und Schöpfungsliebe die entscheidende Wende bringen können, um die Schöpfung zu bewahren. Im Bewusstsein schlussendlich, als Pilger auf Erden zu sein, um zum Ziel bzw. zu Gott zu gelangen, ermutigt Papst Franziskus, bestärkt vom Heiligen Franz von Assisi dazu, sich nicht an Orte, Aufgaben und Vergänglichkeiten zu klammern, sondern vielmehr in Vorfreude auf das Kommende bewusst zu leben und in kosmischer Geschwisterlichkeit die Schöpfung Gottes zu bewahren und beschützen.[83] [84]

Nach Leonardo Boff bedarf es v.a. in Anbetracht der aktuellen bedrohlichen Situation der Erde führender Persönlichkeiten, welche durch überzeugende Worte und Taten die Menschheit wachrütteln und das Verantwortungsbewusstsein für die Schöpfung erwecken. Eine zentrale Rolle kommt hierbei Papst Franziskus zu, der sich mit seiner Option für die Armen, welche den sog. „großen Armen Planeten Erde miteinschließt, ausdrücklich auf Franz von Assisi bezieht. Die Geisteshaltung der Moderne sieht den Menschen über den Dingen, als denjenigen, der sie besitzt und beherrscht. Im Gegensatz dazu begab sich der Heilige Franz von Assisi mitten unter die Dinge, um mit ihnen geschwisterlich zusammenzuleben. Die Haltung der universalen Geschwisterlichkeit bei Franz von Assisi bedeutet gegenseitiger Respekt und gegenseitige Liebe unter allen Seinsformen.

---

[79] Vgl. Kuster, 2015, S. 90 ff.
[80] Vgl. Kuster & Kreidler-Kos, 2014, S. 162 ff.
[81] Vgl. Feld, 2001, S. 54
[82] Kuster & Kreidler-Kos, 2014, S. 169
[83] Vgl. Kuster, 2015, S. 90 ff.
[84] Vgl. Kuster & Kreidler-Kos, 2014, S. 162 ff.

Papst Franziskus wird dabei als Träger des Erbes des Heiligen Franz von Assisi die Gesellschaft beim Übergang in eine Welt der kosmischen Geschwisterlichkeit, der Zärtlichkeit und bedingungslosen Liebe und in eine Gesellschaft, die alles Leben erhält, ermutigen und unterstützen können.[85]

5.4 Die Reform der Kurie und gesamten institutionellen Verfasstheit der Kirche

Vom ersten Moment an weht mit Papst Franziskus, der sich bewusst den Heiligen Franziskus zum Vorbild genommen hat, ein neuer Wind durch die katholische Kirche. Mit seiner unendlichen Menschlichkeit beginnt er die starren Strukturen des Vatikans zu durchbrechen. Bestärkt durch Franz von Assisi setzte er ein Beratungsgremium, bestehend aus acht Kardinälen aus aller Welt ein, um sich der Herausforderung, die Kurie und die Kirche zu reformieren anzunehmen. Dabei gilt seine Inspirationsquelle in Person des Heiligen Franz von Assisi als Patron für eine radikale Kirchenreform.[86] Im Bewusstsein, dass sich die Kirche in moralischen Trümmern befindet, hielt es der Heilige Franz von Assisi für notwendig, die Kirche zu reformieren und zu bekehren. Dies versuchte er v.a. durch die Bekehrung der Prälaten zu erreichen um diese dabei zum Ideal der heiligen Armut hinzuführen.[87] Dabei scheint das radikal am Evangelium und nicht an den Gesetzen der Kirchentradition orientierte Leben des Heiligen Franz von Assisi im Gegensatz zu einer Kirche zu stehen, die von Machtstrukturen und Prunk geprägt, weltfremd geworden ist. Im Vertrauen darauf, dass jeder Mensch vom Heiligen Geist inspiriert wird, war die frühe franziskanische Bewegung auf ein Minimum an Strukturen und Regeln beschränkt und völlig hierarchielos, um jedem einzelnen größtmögliche Freiheit einzuräumen, um den Fußspuren Jesu mit der Fantasie der Liebe nachzufolgen.[88]

Nach Boff wird es für Papst Franziskus die Herausforderung sein, die Kirche in ein neues Zeitalter zu führen. Dabei geht es um eine Kirche als weitgespanntes Netz christlicher Gemeinden, welche in den unterschiedlichen Kulturen verwurzelt sind. Im Hinblick darauf, dass inzwischen mehr als 60% der Weltbevölkerung in den großen Metropolen der Welt lebt, wird sich die Kirche der Zukunft aus Nachbarschaftsgemeinden bestimmter Häuser oder Straßenvierteln aufbauen müssen. Die Hauptaufgabe der Bischöfe sollte dann v.a. die Stärkung des Glaubens und weniger die Kirchenverwaltung sein. Laut Boff schließe eine Kirchenreform, womöglich unter Einberufung eines Konzils nicht nur die römische Kurie, sondern die gesamte institutionelle Verfasstheit der Kirche inklusive des Papsttums mit ein.

---

[85] Vgl. Boff, 2014, S. 54 ff.
[86] Vgl. Kuster & Kreidler-Kos, 2014, S. 104
[87] Vgl. Feld, 2001, S. 41
[88] Vgl. Kuster & Kreidler-Kos, 2014, S. 104 ff.

Rückblickend auf das erste Jahrtausend des Christentums, welches stark vom Paradigma der Gemeinschaft geprägt war und in dem die Ortskirchen ebenfalls relativ eigenständig mit eigenen Riten waren, würde man sich dementsprechend wieder dem Ursprung annähern. Es gilt jetzt also die Glaubwürdigkeit und Vertrauenswürdigkeit der christlichen Botschaft in ihrem Kern zu stärken und zu sichern. Denn wo Macht ist, tut sich Liebe und Barmherzigkeit schwer. Es entstehen Gegenmacht, Intrigen, „Karrierismus", Streit und vor allem noch mehr Macht. Bei dieser Aufgabe wird Papst Franziskus die göttliche Erleuchtung und den Beistand des Geistes des Lebens und des „Vaters der Armen und des Lichts der Herzen" brauchen, um diesen Wandlungsprozess zu leiten. Es wird für ihn zur besonderen Herausforderung, in das kirchliche Machtgefüge einzugreifen, bedenkt man, dass frühere Päpste beim Reformversuch der römischen Kurie auf heftige Widerstände stießen. Mit Sicherheit wird es Papst Franziskus jedoch helfen, dass er sich vom Geist des Heiligen Franz von Assisi leiten und inspirieren lässt und den Gedanken der Armut, Einfachheit und völligen Verzichts auf Machtausübung lebt.[89]

Weiter scheint heute in Zeiten eines planetarischen Bewusstseins und neuen Formen sozialer Kommunikation, welche die Welt vereinen und die Artenvielfalt z.T. verschwinden lässt und in Zeiten eines Bewusstseins von den Grenzen der Erde und der Möglichkeit der Auslöschung der Spezies Mensch, ein neues ökumenisches Konzil von größter Notwendigkeit. So betreffen doch diese neuen Herausforderungen nicht nur die katholische Kirche, sondern die gesamte Christenheit. Mehr noch, es muss ein Bündnis zwischen den Kirchen, Religionen und Wissenschaften angestrebt werden. Es geht darum, dass das Leben der Erde Fortbestand hat und inwiefern alle religiösen Kräfte zusammen ihren Beitrag leisten können.[90]

Nun stellt sich die Frage, ob sich ein Papst am Heiligen Franz von Assisi, der die Kirche quasi von unten her erneuert hat, orientieren kann, um die Kirche zu reformieren.

Dass Papst Franziskus ernsthaft gewillt ist, die Kurie zu reformieren, zeigt der Perspektivenwechsel von den Ideen hin zu den Menschen, von der Doktrin zur Praxis und von der Lehre hin zur Seelsorge, der mit ihm einhergegangen ist. Er prangert das höfische Denken, den Karrierismus und Klerikalismus in Kurie und Kirche an, kürzt dabei die Löhne der Prälaten und lehnt jeglichen päpstlichen Ehrentitel ab. Der anfangs erwähnte, von Papst Franziskus einberufene achtköpfige Kardinalsrat soll ihm dabei helfen, speziell auch die weltweite Bischofssynode zur dauerhaften Einrichtung zu machen und die Weltkirche zu dezentralisieren. In diesem Zuge soll den Ortskirchen und ihren Bischöfen mehr Mitspracherecht gegeben werden.[91] Feld geht sogar so weit und äußert, dass die Vorstellungen des Heiligen Franz von Assisi von der Erneuerung der Kirche sogar eine

---

[89] Vgl. Boff, 2014, S.59 ff.
[90] Vgl. Boff, 2014, S. 110 ff.
[91] Vgl. Kuster & Kreidler-Kos, 2014, S. 108 ff.

vollständige Umgestaltung der damaligen Kirche, quasi eine neue Religion, entsprechend seiner visionären Träume zur Folge gehabt hätten.[92]

Kritische Stimmen lassen hingegen verlauten, Papst Franziskus wecke im Kirchenvolk unerfüllbare Erwartungen und provoziere die klerikale Opposition. Wenn die konservativen Reihen nicht ausgetauscht würden, sich an der Doktrin der Kirche wenig ändere und die Frage nach der Gleichberechtigung der Frauen in den Hintergrund gerate, würde Papst Franziskus dem Reformbedarf nicht gerecht werden. Wer im Vatikan lebe, kann nicht zur Kirche der Armen gehören und Papst Franziskus werde nie Franz von Assisi werden können.[93] Leonardo Boff äußert dazu, dass es nicht darum gehe, Papst Franziskus mit Franz von Assisi einfach zu vergleichen. Vielmehr gehe es darum, welche Inspirationen sie verbinden, die der Kirche ein neues Antlitz im Geist des einfachen, demütigen und armen Heiligen Franz von Assisi geben können.[94] So ist es umso entscheidender, dass Papst Franziskus bereits eine neue Armutsdebatte ausgelöst hat und die vom Evangelium gebotene Akzentverschiebung zu den Menschen am Rande hin vorantreibt. Papst Franziskus muss nicht Franz von Assisi werden, sondern das Programm des Heiligen aus seiner Position heraus und mit seinen Möglichkeiten umsetzen. Wie auch Franz von Assisi zu Lebzeiten nur nachhaltige Wirkung mit Hilfe tausender von Brüdern, die seinem Ideal nacheiferten, erreichen konnte, setzt auch Papst Franziskus auf alle Getauften Schwestern und Brüder. Mit seinem Vorleben, lädt Papst Franziskus alle ein und ermutigt es ihm gleichzutun. Für eine gelingende Kirchenreform muss sich letztlich jeder einzelne mit bewegen lassen. Mit Papst Franziskus hat die Kirche einen Menschen gefunden, der definitiv Ermutigung für das Glaubensvolk spenden kann. Geleitet vom Heiligen Franz von Assisi bezeugt Papst Franziskus in seinem Evangelii gaudium schließlich das Vertrauen auf das Wirken des Heiligen Geistes in jedem Gläubigen:[95] „In allen Getauften, vom ersten bis zum letzten, wirkt die heiligende Kraft des Geistes, die zur Evangelisierung drängt ... Der Geist leitet es in der Wahrheit und führt es zum Heil. Als Teil seines Geheimnisses der Liebe zur Menschheit begabt Gott die Gesamtheit der Gläubigen mit einem Instinkt des Glaubens – dem sensus fidei -, der ihnen hilft, das zu unterscheiden, was wirklich von Gott kommt."[96] Weiter betont er die ständige Haltung des Aufbruchs: „Die Seelsorge unter missionarischem Gesichtspunkt verlangt, das bequeme pastorale Kriterium des „Es wurde immer so gemacht" aufzugeben. Ich lade alle ein, wagemutig und kreativ zu sein in dieser Aufgabe die Ziele, die Strukturen, den Stil und die Evangelisierungsmethoden der eigenen Gemeinden zu überdenken. Eine Bestimmung der Ziele ohne eine angemessene gemeinschaftliche Suche nach den Mitteln, um sie zu erreichen, ist dazu verurteilt, sich als

---

[92] Vgl. Feld, 2001, S. 102
[93] www.tagesanzeiger.ch/ausland/europa/Der-Papst-wird-nie-Franziskus/story/17623
[94] Vgl. Boff, 2014, S. 27
[95] Vgl. Kuster & Kreidler-Kos, 2014, S. 113 ff.
[96] Kuster & Kreidler-Kos, 2014, S. 126 f.

bloße Fantasie zu erweisen. Ich rufe alle auf, großherzig und mutig die Anregungen dieses Dokumentes aufzugreifen, ohne Beschränkungen und Ängste." (EG 33)[97] Kein Papst hat seit dem Zweiten Vatikanischen Konzil den Reformbedarf der katholischen Kirche aus Treue zu Jesus Christus so deutlich gemacht. In dieser Christustreue kann sich Papst Franziskus entscheidend an seinem Heiligen Vorbild orientieren und sich bestärken lassen. Nun hat ein Papst den Mut, die vom Konzil geforderte Reform der Römischen Kurie anzugehen, welche eben eine Neuausrichtung des Papsttums, einen Abbau der übertriebenen Zentralisierung und mehr Vertrauen in die Bischofskonferenzen beinhaltet. So wie auch Franz von Assisi vertraut Papst Franziskus dabei einmal mehr auf das Wirken des Heiligen Geistes, der immer und überall und in allen Gläubigen tätig ist und vertraut so in der Folge bei der Erneuerung der Kirche auf jeden einzelnen Menschen im Gottesvolk. Dabei setzt Papst Franziskus wieder und wieder auf Begegnungen auf Augenhöhe und ermahnt kirchliche Amtsträger, die sich über Laien erheben. Klerikalismus sollte demnach nichts mit dem Christentum zu tun haben und es sollte sich niemals nur auf das Gesetz beschränkt werden. In der Folge sollen im Rahmen der Kurienreform v.a. auch der Einfluss der Laien vergrößert werden. D.h. der Glaubenssinn aller Gläubigen darf ganz im franziskanischen Sinne und letztlich im Sinne Jesu Christi wieder eine stärkere Rolle spielen. In der brüderlich-demokratischen Kultur des Franziskanerordens wurde nur das Grundlegende für alle gemeinsam einheitliche geregelt. Die praktische Ausgestaltung des Lebens sollte aber je nach Ort und Zeit unterschiedlich geschehen. Papst Franziskus kann hierdurch bezüglich einer Reform der monarchischen Kirche ermutigt werden und durch verstärkte Dezentralisierung mehr Vertrauen in die jüngeren Ortskirchen setzen um deren Leitung nicht von oben herab zu bestimmen. Er verweist darauf, dass eine übertriebene Zentralisierung das Leben der Kirche und ihre missionarische Dynamik mehr verkompliziere als dass sie helfe. Gleichzeitig ist er sich bewusst, dass damit aber auch eine Reform des Papsttums und eine Überwindung des römischen Zentralismus einhergehen müssen, um die horizontalen Strukturen innerhalb der Kirche zu stärken.

Im Vertrauen auf eine mutige Inkulturation und bestärkt durch den franziskanischen Geist bring Papst Franziskus im Evangelii gaudium zum Ausdruck, dass der Heilige Geist die Kirche in den christlichen Ausdrucksformen eines evangelisierten Volkes verschönert, indem er ihr neue Aspekte der Offenbarung zeigt und ihr ein neues Gesicht verleiht. Er betont darin weiter, dass wenn diese richtig verstanden werden, bedrohe die kulturelle Verschiedenheit die Einheit der Kirche nicht.

---

[97] Vgl. Kuster & Kreidler-Kos, 2014, S. 109 ff.

Zudem könne nicht verlangt werden, dass alle Völker der Erde in ihrem Ausdruck des christlichen Glaubens die Ausdrucksformen der europäischen Völker zu einem bestimmten Zeitpunkt der Geschichte, nachahmen. Eine einzige Kultur allein könne das Erlösungsgeheimnis Christi nicht erschöpfend darstellen.[98]

6. Fazit

Schlussendlich kann sich und lässt sich Papst Franziskus also im Rahmen seiner Revolution der Zärtlichkeit von der Grundhaltung des Heiligen Franz von Assisi gegenüber den Armen und Notleidenden, von dessen Verständnis von Geschwisterlichkeit, von seinem unermüdlichen Bemühen Frieden zu schaffen, von seiner grenzenlosen Sorge und Achtsamkeit gegenüber der Schöpfung; sowie letztlich dessen Vorstellungen der Erneuerung der Kirche und insbesondere von seiner direkten, radikalen Orientierung an Jesus Christus bestärken und inspirieren. So versteht es Papst Franziskus die Frische und Freude des Evangeliums für die Moderne gegenwärtig zu machen und kann authentisch im Alltag, in den großen Menschheitsfragen, in den Freuden, Ängsten, Hoffnungen, Sehnsüchten, Nöten, im Elend, der Schuld und der Frage nach Barmherzigkeit der Menschen Beistand und Hilfe leisten. Mit einer Aura des Wohlwollens, einladend, willkommen heißend, umarmend und gleichzeitig aufrüttelnd strahlt Papst Franziskus auf diese Weise einen tiefen inneren Frieden, Freude, Hoffnung und Zuversicht aus und kann der Kirche einen Anstoß geben, sich auf ihr ursprüngliches und im Heiligen Geist stets gegenwärtiges Fundament im Evangelium und das Erbe Jesu Christi zurückzubesinnen.[99]

---

[98] Vgl. Kuster & Kreidler-Kos, 2014, S. 113 ff.

[99] Vgl. Kasper, 2015, S. 121 ff.

7. Literaturverzeichnis

Berg, D.; Lehmann, L. (2009): Franziskus Quellen. Die Schriften des heiligen Franziskus, Lebensbeschreibungen, Chroniken und Zeugnisse über ihn und seinen Orden. Kevelaer: Butzon & Bercker GmbH

Boff, L. (2014): Franziskus aus Rom und Franz von Assisi. Ein neuer Frühling für die Kirche. Kevelaer: Butzon & Bercker GmbH, deutsche erweiterte und aktualisierte Ausgabe

Die Gespräche mit Jorge Mario Bergoglio von Sergio Rubin und Francesca Ambrogetti (2013): Papst Franziskus. Mein Leben mein Weg. El Jesuita. Freiburg: Verlag Herder GmbH

Feld, H. (2001): Franziskus von Assisi. München: Verlag C.H. Beck oHG

Kasper, W. (2015): Papst Franziskus – Revolution der Zärtlichkeit und der Liebe. Stuttgart: Verlag Katholisches Bibelwerk GmbH

Kuster, N. (2015): Franz von Assisi – Freiheit und Geschwisterlichkeit in der Kirche. Franziskanische Akzente. Würzburg: Echter Verlag GmbH

Kuster, N.; Kreidler-Kos, M. (2014): Der Mann der Armut. Franziskus – ein Name wird Programm. Freiburg: Verlag Herder GmbH

Reblin, K. (2006): Franziskus von Assisi. Der rebellische Bruder. Göttingen: Vandenhoeck & Ruprecht Verlag

Schneider OFM, J.; Zahner OFM, P. (2013): Klara Quellen. Zeugnisse des 13. Und 14. Jahrhunderts zur Franziskanischen Bewegung. Kevelaer: Butzon & Bercker GmbH

Zeitschriften/ Magazine/ Interviews:

Katholische Schulen dürfen nicht elitär sein, in: Katholisches Sonntagsblatt (2015), Nr. 50

Predigt von Papst Franziskus am 25. Januar 2014 zum Abschluss der Gebetswoche für die Einheit der Christen, in: L'Osservatore Romano (dt.) (31.01.2014), Nr. 7

Spadaro, Interview mit Papst Franziskus

Internetquellen:

Domradio: „Fragen und Antworten zum Heiligen Jahr der katholischen Kirche." In: Themen>Heiliges Jahr. Stand: 17. Februar 2016. http://www.domradio.de/themen/heiliges-jahr/2015-12-07/fragen-und-antworten-zum-heiligen-jahr-der-katholischen-kirche (abgerufen am 17. Februar 2016)

Tagesanzeiger vom 18.Oktober 2013: www.tagesanzeiger.ch/ausland/europa/Der-Papst-wird-nie-Franziskus/story/17623 (© Michael Meier)

Vatikan-Homepage: „Ansprache von Papst Franziskus an seine Gnaden Justin Welby, Erzbischof von Canterbury und Primas der anglikanischen Gemeinschaft vom 14.Juni2013:
https://w2.vatican.va/content/francesco/de/speeches/2013/june/documents/papa-francesco_20130614_welby-canterbury.html (abgerufen am 28. Februar 2016)

Vatikan-Homepage: „Homilie beim Pastoralbesuch in Assisi vom 4. Oktober 2013:
https://w2.vatican.va/content/francesco/de/homilies/2013/documents/papa-francesco_20131004_omelia-visita-assisi.html (abgerufen am 28. Februar 2016)